Zwischen Mystik und Abkürzung

Alchemistische Zeichensprache

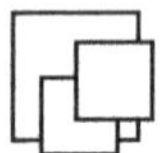

1. Auflage, 2024
Einbandgestaltung: Dr. Tobias Schick
Inhalt geschrieben von Dr. Tobias Schick (Autor). Die Rechtschreibkorrektur des finalen Textes erfolgte durch ChatGPT Version 3.5 (März 2024). Der korrigierte Text wurde gegengelesen und auf den Inhalt durch den Autor überprüft.
Herstellung und Verlag: BoD – Books on Demand, Norderstedt
ISBN 9-783759-702432

Chemische Zeichensprache

Einführung

Die Verwendung von Symbolen ermöglichte den Alchemisten die schriftliche Abkürzung von chemischen Arbeiten, Stoffen oder Werkzeugen[4, 5, 8] und sollte nach der Auffassung mancher Alchemisten neben der Zeitersparnis auch dazu dienen, die Geheimnisse der Natur vor den "Unwürdigen" zu bewahren.[5, 8] Diesem Argument stehen zahlreiche Veröffentlichungen[1-8, 21] mit Übersetzungstafeln entgegen. Der Vorteil der durch die Verwendung von Symbolen in alchemistischen Fließtexten erzielte Zeitersparnis wurde jedoch dadurch gemindert, dass in den Druckereien nicht unbedingt die für die Symbole erforderlichen Drucktypen vorrätig waren.[8] Dies führte zu improvisierten Lösungen bei den Veröffentlichungen, bei denen Symbole für die Druckbarkeit verändert wurden. [14] Diese Veränderungen konnten unter Umständen zu Fehlinterpretationen führen. Ein Beispiel hierfür ist die Verwendung zweier Klammern und eines um 90° im Uhrzeigersinn gedrehten "T" ((⊣)) als Ersatz für das Symbol für Vitriol (⊕⃗) im Aureum Vellus[4, 5, 7].[14]

Abbildung: Ein Beispiel für die Symbolträchtigkeit der alchemistischen Literatur. Zu sehen ist eine mögliche Personifikation von Quecksilber in der Mitte, welche das Symbol des Merkurs auf dem Haupt trägt und in beiden Händen Merkurstäbe hält. Auf der rechten Seite ist Luna (Silber) und auf der linken Seite Sol (Gold) zu sehen. Merkur nimmt der alchemistischen Theorie folgend eine Mittlerposition zwischen den Metallen ein und steht wahrscheinlich deshalb zwischen den zwei Kriegern.

Aufgrund der technisch bedingten Änderung von Symbolen, der Doppeldeutigkeit von Symbolen oder der nur bedingt intuitiv ableitbaren Übersetzung der Symbole wurde Kritik an der Verwendung alchemistischer Symbole in Texten oder Rezepten geübt, da die Gefahr von Fehlinterpretationen drohte.[4, 8]

In dieser Veröffentlichung sollen ausgewählte Symbole aus verschiedenen alchemistischen Werken[1-8, 21] mit ihrer Deutung wiedergegeben werden und als Übersetzungshilfe für das weitere Studium dieser Schriften dienen. Ferner soll die Fülle und Komplexität der Welt der alchemistischen Symbole aufgezeigt werden, um die heute mystische und dunkle Aura der Alchemie zu erhellen. Aufgrund der Vielzahl an Symbolen wird kein Anspruch auf Vollständigkeit erhoben. Als herausragendes Nachschlagewerk für alchemistische Symbole muss an dieser Stelle die Publikation "Medicinisch-Chymisch und alchemistisches Oraculum" aus dem Jahr 1772 (vgl. Quelle 4) erwähnt werden. In dieser Symbolsammlung sind zahlreiche alchemistische Symbole aufgeführt und sie wird als weiterführende Literatur empfohlen.

Zusammensetzung der Materie
Die vier Elemente

Feuer ($\triangle$), Erde ($\bigtriangledown$), Wasser ($\blacktriangledown$), Luft ($\triangle$)

Feuer, Erde, Wasser und Luft – diese vier heute noch bekannten Elemente sind in der Alchemie als Ursubstanzen verwurzelt[20] und werden durch unterschiedlich ausgerichtete Dreiecke mit oder ohne Querstrich repräsentiert. Der Vier-Elemente-Theorie folgend besteht die gesamte Materie aus den vier Grundelementen.[20] Der Mönch Valentinus Basilius[1] entwickelte das Modell weiter, das von Theophrastus Paracelsus übernommen wurde[8] und als Lehre der drei Prinzipien in die alchemistischen Texte einfloss.

Zusammensetzung der Materie
Die drei Prinzipien

Merkur ($\mercury$), Sulfur ($\triangle$), Salz ($\ominus$)

Nach Paracelsus' Lehre setzt sich die Materie aus dem Prinzip des "philosophischen Merkurs", des "philosophischen Schwefels" und des "philosophischen Salzes" zusammen.[1, 15, 16, 17a] Jedes Prinzip steht für eine bestimmte Eigenschaft, wobei die endgültige Beschaffenheit des Stoffes durch die Vermischung dieser drei Prinzipien mit ihren jeweiligen Eigenschaften bestimmt wird.[1, 15, 16, 17a, 18] Der philosophische Merkur bestimmt die Flüchtigkeit der aus ihm zusammengesetzten Stoffe, der philosophische Schwefel beeinflusst die Brennbarkeit des Stoffes und das philosophische Salz verleiht dem Stoff seine Formstabilität.[1, 15, 16, 17a]

Ähnlich wie die vier Elemente werden auch die drei Prinzipien durch Symbole repräsentiert, die ihre Eigenschaften symbolisieren. Durch das Zusammenwirken der drei Prinzipien oder der vier Elemente entsteht die Vielfalt der Materie und ihrer Eigenschaften.

Die Metalle

Gold (☉), Silber (☽), Blei (♄), Zinn (♃), Kupfer (♀), Eisen (♂), Quecksilber (☿), Antimon (♁)

Die Metalle wurden durch Planetensymbole repräsentiert,[9, 12] welche die Charakteristika des jeweiligen Metalls widerspiegeln. So wurde beispielsweise das Symbol des größten und langsamsten Planeten für das schwerste Metall, das Blei, verwendet. [14, 15] Einem Autor aus dem Jahr 1736 zufolge suchten einige seiner Zeitgenossen sogar nach einer tieferen Bedeutung der Symbole,[8] wie folgender Textauszug darlegt.

Zum Exempel, wenn man sich vorstellet, dass ein Zirkel oder Kreis die Vollkommenheit, ein Kreuz das Saure und so ferner abbilde, so findet man die Raison, warum das Gold (☉) durch einen Zirkel mit einem Mittelpunkt als das vollkommenste und Feuer=beständigste Metall dargestellt wird. Das Silber (☽) wird durch zwei ineinandergesetzte halbe Zirkel dargestellt, weil es dem Golde am nächsten kommet und gleichsam halbes Gold sei. Das Kupfer (♀) stellt sich mit dem Zeichen des Goldes und Acidi (Sauren) vor, weil es Gold in sich hat und doch dabei auch ein starkes fressendes Sauer besitzet. Blei (♄) und Zinn

(♃) haben den Charakter des Silbers und des Sauren, weil sie daraus bestehen. Das Quecksilber (☿) trägt das Zeichen des Silbers, Goldes und Sauren, so wie der Schwefel (🜍) den Charakter des Feuers (△) und des Acidi aus angeführten Ursachen. (nach Quelle 8, Seite 27)

Der Deutung kann gefolgt werden. Sie scheint jedoch im Einklang mit der Meinung des Autors einer Veröffentlichung[8] aus dem Jahr 1736 überzogen zu sein. Dies begründet sich allein durch die Vielzahl an Symbolen für Metalle, wie Gold oder Kupfer, die in der Veröffentlichung "Medicinisch-Chymisch und alchemistisches Oraculum" wiedergegeben werden.[4]

Nach der Vorstellung der Alchemisten entstehen Metalle durch das Zusammenwirken der vier Elemente oder der drei Prinzipien, wobei jedes Metall ähnlich wie Pflanzen oder Tiere einen Samen besitzt,[9, 16, 18, 19, 20] durch den die Verwandlung des Metalls in ein anderes Metall oder dessen Vermehrung möglich ist.[9, 16, 18, 19, 20] Um dieses Werk zu vollbringen, wurden alchemistische Prozesse entwickelt, die auch mithilfe von Symbolen im Fließtext repräsentiert wurden.

Arbeitsmethoden der Alchemie

Destillation (𝒹𝓁), Sublimation (—𝓸—), Präzipitation (⇌)

Auch hier zeigt sich der Erfindungsreichtum der Alchemisten anhand der Vielzahl von Symbolen für gleiche alchemistische Operationen.[4] Bei einigen Symbolen scheint sogar eine unmittelbare Deutung auf die alchemistische Operation möglich zu sein. Beispielsweise könnte die aufsteigende Blase den sublimierenden Stoff bei der Sublimation repräsentieren. Ähnlich verhält es sich bei der Präzipitation, bei der der ausfallende Stoff durch die nach unten zeigende Blase angedeutet wird. Die Deutung des Symbols der Destillation hingegen ist nicht trivial und erfordert im Vergleich bereits mehr Kreativität bei der Interpretation.

Nutzung und Verkettung von Symbolen

Die Symbole konnten auch im Text als Wortersatz eingebunden und teilweise sogar grammatikalisch angepasst sein, wie das folgende Beispiel zeigt[9]: "est in ☿io quicquid quaerunt philosophi" (Quelle 9, Kapitel 2, Seite 15). Frei übersetzt: Es ist im Quecksilber, was die Gelehrten suchen. Das Zeichen (☿) steht für "Mercurius", das lateinische Wort für Quecksilber[10] oder den Götterboten.[10] Dem Satz entsprechend muss Mercurius im Ablativ stehen, wofür das Suffix "-io" zuständig ist.

Alchemistische Symbole wurden auch kombiniert, um eine ganze Vorschrift in einem Symbol wiederzugeben[21]. So steht das Symbol (☿⌐), das sich aus der Sublimation (⌐) und dem Quecksilber (☿) zusammensetzt, für sublimiertes Quecksilber[21]. Die Verkettung von Zeichen und Worten ist auch auf Originaletiketten aus dem Deutschen Apothekenmuseum in Heidelberg zu sehen[11]. Beispielsweise wird eine Flasche mit folgender Aufschrift gezeigt[11]:

In der Veröffentlichung über das Apothekenmuseum in Heidelberg werden die Symbole wie folgt übersetzt: Pulvis: Tartarus: Vitriolatus: pp - Kaliumsulfat.[11] Das Symbol ( ) steht für ein Pulver. Es ist daher anzunehmen, dass der Stoff in der Flasche in pulvriger

Form vorlag. Weinstein, auch Tartarus genannt, wird durch das Symbol (⚲) repräsentiert und ist ein Kaliumsalz der Weinsäure. Die Übersetzung des Symbols ( ) ist anhand der in dieser Veröffentlichung zugrunde liegenden Quellen nicht trivial. Aufgrund der Ähnlichkeit zu dem Symbol ( ) für Vitriolöl[4] wird im Einklang mit der Veröffentlichung über das Apothekenmuseum[11] von einer Vitriolisierung des Weinsteins ausgegangen, also von der Zugabe von Vitriolöl - Schwefelsäure (H_2SO_4) zu Weinstein ($KC_4H_5O_6$). Der Symbolreihenfolge entsprechend führt die Zugabe von Schwefelsäure zu Weinstein zur Bildung von Kaliumsulfat (K_2SO_4) und Weinsäure ($HC_4H_5O_6$).

$$2\ KC_4H_5O_6 + H_2SO_4 \rightarrow K_2SO_4 + 2\ HC_4H_5O_6$$

Nach dem Entfernen der entstandenen Lösung wird der zurückbleibende Feststoff zu einem Pulver verarbeitet, was durch das Symbol ( ) wiedergegeben wird. Das letzte Symbol ( ) kann an dieser Stelle nicht abschließend gedeutet werden, da es in der vorliegenden Literatur nicht gefunden wurde. Aufgrund der Ähnlichkeit zu dem Symbol ( ) für präzipitiert[4] und zu dem Symbol ( ) für Pulver[3, 4] wird von einer ähnlichen Bedeutung ausgegangen und soll vermutlich den pulvrigen Charakter des chemischen Stoffes unterstreichen. Im Folgenden sind weitere Beispiele aufgeführt, wie Zeichen und Worte zusammengesetzt werden konnten.

⊠uum   ⊠   uum
mens(tr)uum[5]; mens+(tr)uum;= Lösungsmittel.[8, 12, 13]

Ψcinare   Ψ   cinare
calc-cinare[5]; Kalk + calcinare; Kalzinieren.[5]

ϴ♀   ϴ   ♀
sal tatari[7, 11]; sal + tartarus; Weinsteinsalz.[7, 11]

Aufgrund der Mehrdeutigkeit der Symbole, aber auch im umgekehrten Fall, bei dem eine Bedeutung (z.B. ein alchemistischer Prozess) durch mehrere Symbole repräsentiert werden kann, ist die Übersetzung der Symbole keineswegs trivial.[4, 8] Befürchtungen vor den Konsequenzen durch Verwechslungen von chemischen Stoffen wurden vereinzelt kritisch diskutiert.[4, 8] Eine Verwendung falscher chemischer Stoffe stellt nicht nur im Labor eine

Gefahr dar, sondern wird auch gerade bei Verwechslungen von chemischen Stoffen für medizinische Rezepte problematisch, wie das "Medicinisch=Chymisch und alchemistisches Oraculum" warnt.[4]

Beim Vergleich der Symbole untereinander zeigen manche Symbole in ihrer Grundstruktur Ähnlichkeiten[1-8, 21] und ermöglichen so eine Deutung bei hinreichender Kenntnis der Symbole. Das folgende Beispiel zeigt die unterschiedlichen Symbole für Weinstein-Salz, dessen Grundkörper Weinstein (♀) sich in allen Symbolen widerspiegelt.

Zur Erleichterung der Symboldeutung wurden teilweise Übersetzungstafeln und Beschreibungen in den Veröffentlichungen abgedruckt,[1-3, 5-8, 21] oder es wurden Lexika[4] herausgegeben, die versuchten, dem Problem bezüglich der Übersetzungsschwierigkeiten Herr zu werden. Die schiere Anzahl der Symbole schien jedoch bereits im Jahr 1755 eine abschließende Indexierung unmöglich zu machen.[4]

Symboldeutung

Da die meisten Übersetzungstafeln alchemistischer Symbole nur eine Zuordnung von Stoff zu Symbol erlauben[1-8, 11, 21], jedoch nicht die rückwärtsgerichtete Suche ausgehend von dem Symbol ermöglichen, wird im Folgenden eine Rückwärtssuche mit dem Fundus aus verschiedenen Veröffentlichungen[1-8, 21] präsentiert.

Zuerst muss der Grundkörper des Symbols bestimmt werden. Anschließend werden die Striche zur Vervollständigung des Symbols gezählt. Der Grundkörper wird entsprechend seiner Form einer Kategorie und die Strichanzahl einer Rubrik zugeordnet. Das Symbol samt Deutung kann anhand der Kategorie und den darin befindlichen Rubriken nebst Deutung gefunden werden. Das Vorgehen wird im Folgenden näher beschrieben:

In dem Symbol wird der Grundkörper Kreis, Dreieck oder Viereck gesucht und entsprechend in die Kategorien "Circus" für den Kreis, "Triangulum" für das Dreieck und "Quadrum" für das Viereck kategorisiert. Findet sich kein solcher Grundkörper, so wird die Kategorie "Nullus corpus fundamentalis" (kein Grundkörper) gewählt. Bei erkennbaren Buchstaben ist die Kategorie "Littera" zu wählen. Bei mehreren Grundkörpern wird das Symbol der Kategorie mit dem hierarchisch höchsten Grundkörper zugeordnet. Die Hierarchie innerhalb der Kategorie orientiert sich anhand der benötigten Striche zur Darstellung des Grundkörpers und ist wie folgt:

1) ∿ Nullus corpus fundamentalis (einfache Linie)
2) Ɔ Circus (Kreis)
3) ▽ Triangulum (Dreieck)
4) ▢ Quadrum (Viereck)
5) ℟ Littera (Buchstabe)

Nach Bestimmung der Kategorie wird die Rubrik gesucht, wofür die im Zeichen vorhandenen Striche gezählt werden und der Anzahl entsprechend den Rubriken "Nulla linea" (kein Strich), "Linea I" (ein Strich), "Lineae II" (zwei Striche) usw. zugeordnet werden. Grundkörper werden nicht berücksichtigt und Bögen werden als ein Strich gezählt.

Beispiel Weinstein ♀

Als Grundkörper ist ein Viereck zu erkennen, und entsprechend wird die Kategorie "Quadrum" gewählt. Das unter dem Viereck stehende Kreuz wird aus zwei Strichen gebildet. Entsprechend wird das Symbol in der Kategorie "Quadrum – Lineae II" gefunden.

Beispiel Alaun

Als Grundkörper sind ein Dreieck und ein Viereck zu erkennen. Gemäß der Grundkörperhierarchie wird die Kategorie "Quadrum" gewählt. Das Dreieck und das Viereck werden mit einem Strich verbunden. Das Symbol ist somit in der Kategorie "Quadrum" unter der Rubrik "Linea I" zu finden, da Grundkörper für die Rubrikbestimmung nicht gezählt werden.

nulla corpora fundamentalis

nulla linea

⛬ Sand (7, 8, 21)

linea I

Destillieren (3)

Pottasche (4)

Kalk von Metallen (4)

Destillieren (1)

Asche (4)

Reinigung (4)

Quintessenz (4)

Quintessenz (4)

Retorte (4)

Reverbieren (4)

Auflösen (4)

Pferdemist (4)

Salpetersäure (1)

Lösen (21)

lineae II

Salpetersäure (1)

Destillierter Essig (5, 7, 8, 21)

Silber (1, 2, 4, 6, 7, 8, 21)

Weingeist (1), Lösen (21)

Retorte (1, 4, 21)

Alembik (2)

Calcinieren (2)

Talköl (4)

Flüchtig (4, 5, 8)

Zinnober (8)

Kristall (2)

Eiweiß (4)

Kalk von Metallen (4)

Phlegma (21)

Bleiweiß (4, 5), Essig (7, 8, 21), Schwefel (21), Gummi (21)

Tiegel (4, 7)

Grauer Hüttenrauch (4)

Flüchtig (4)

Pulver (21)

Kobalt (8, 21)

Aus Glas (21)

Wein (4)

Kalk (8)

Zinnober (4), Reduzieren (4, 21)

Laugensalz (4)

Leim (4)

Römisches Vitriol (4)

Feuerbeständig (4, 5)

lineae III

Calcinieren (8)	
Zinn (1, 4, 7, 8)	
Spiritus vini, Weingeist (1)	
Essig (1)	
Destillation (1)	
Rote Korallen (1)	
Sublimiert (3, 6), Spiritus (3, 8), Quecksilbergeist (21), Sublimieren (21), Calcinieren (21)	
Präzipitiert (3, 8)	
Rotweinessig (4)	
Grünspan (4)	
Solvieren/Auflösen (4)	
Figieren/ Feuerbeständig machen (4, 8, 21)	
Glas (7)	
Sommer (4), Quecksilber (21)	
Urin (4)	
Bleiweiß (8), Quecksilber (21)	
Eiweiß (4)	
Tierisches Reich (4)	
Borax (4)	
Ausglühen/Rösten (4)	

Ungelöschter Kalk (4)

Ungelöschter Kalk (4)

Asche (4)

Tiegel (4)

Blei (1, 6, 7, 8)

Kolben (8)

Coagulieren (4)

Kristall (4)

Kristall (4)

Kreide (4)

Wein-/Essighefe (4)

Eisenrost (4)

Eisen (4)

Fäulung/Putrefactio (4, 21)

Fermentieren (1), Vermischen (1)

Reverbierofen (4)

Laugensalz (Pottasche) (4)

Figieren/ Feuerbeständig machen (4, 8)

Pulver (7)

Vermehren (1)

Ammoniumchlorid (21)

Aus Glas (21)

lineae IV

	Putrefaction (1)
	Stunde (3, 21)
	Ausglühen/Rösten (4)
	Bleiweiß (4)
	Calcinieren (21)
	Digerieren (4)
	Waage (4, 7), Sublimieren (5, 6, 7, 21)
	Eisenrost (4)
	Reverbierofen (4)
	Alembik (21)
	Zucker (4)
	Grünspan (4)
	Vitriol (4)
	Filtrierglas (4)
	Präzipitiert (4, 6, 7, 21)
	Messing (8)
	Asche (5, 7, 8)
	Fäulung/ Putrefaction (4)
	Phlegma (5)
	Wein (21)
	Zinn (4)
	Laugensalz (4, 8)
	Lösen (1)
	Rotglühendes Erz (1)

lineae IV+

	Zinnober (1)
	Exctracum Corallum (1)
	Amalgam (1, 21)
	Amalgam (1, 21)
	Essig (3,4, 8)
	Destillierter Essig (3, 4, 8)
	Alembik (4)
	Rauschgelb/ Arsenicum citrum (4)
	Aufkochen (8)
	Figieren (8)/ Fixieren (21)
	Ingwer (8)
	Pottasche (4, 8)
	Pottasche (4, 8)
	Salpeter (4)
	Zinnober (4)
	Essenz (4)
	Verkleben (4)
	Zink (4)
	Totenkopf (21)
	Fäulung/Putrefaction (21)
	Bleiweiß (21)

〄 Präzipitieren (21)

✳ Salmiak (4)

⊞ Urin (4)

⊟ Arabischer Gummi (4)

⸪ Salmiak (6)

ʒ Unze (7)

‡ Bleiweiß (8)

Zinnober (8)

Digerieren (8, 21)

Extrahieren (8)

)|(Glas (8)

Salmiak (4)

✡ Elementum/Urwesen (8)

Phlegma(8)

Circus

nulla linea

☉ Gold (1, 4, 6, 7, 8, 21)

○ Alaun (1, 2, 5, 6, 7, 8),
Öl (21)

Caput mortuum (4, 5, 6, 7, 8, 21)

Feines Pulver (4, 8),
Calcinieren (8)

Öl (3, 4, 5, 6, 7, 8, 21)

Kieselstein (4)

linea I

♉ Steinsalz (7)

Digerieren (3)

Salz (4), Salpeter (21)

Salz (1, 4, 5, 7, 8, 21)

Salpeter (1, 5, 6, 7, 8, 21)

Maurensalpeter (4)

Urin (4)

Arsen (2, 7, 8, 21),
Weißer Arsenik (4)

Destillieren(21)

Gebranntes Kupfer (4),
Weißer Arsenik (4), Arsen (21)

Pottasche (4)

Nacht (1, 4, 7, 8, 21)

♂ Tag (4, 5, 7, 8, 21)

Gold (21)

Glas (21)

Alkalisches Salz (21)

Laugensalz/Alkali (8)

Alkali (5)

Grünspanblume (4)

Circus

Grünspanblume (4)

Talköl (4)

Reinigung (4, 21)

Säure (4)

Holz (8)

lineae II

Messing (8)

Ein Monat (1)

Gold (21)

Antimon (1, 2, 5, 21), Glas (4), Spießglas (6), Kupfer (21)

Eisenschwefel (1)

Caput mortuum (1), Grünspan (4)

Grünspan (4), Salz (21)

Magnet (3, 4, 21)

Grünspan (3, 4, 5, 6, 7, 8), Arsen (21)

Alaun (4)

Destillieren (5)

Auripigment/Goldfarbe (8)

Gebrannter Alaun (4)

Aqua vitae (4, 21), Laugensalz/Alkali (4)

Stahl, Eisen (4)

Tropfschwefel (4), Urin (8)

Bleiweiß (21)

Kupfer (1, 7, 8, 21)

Römisches Vitriol (4)

Goldfarbe (1)

Fließen (8)

Essig (4)

Vitriol (4, 5, 7, 21)

Pferdemist (4)

Rost (8)

Menstruum/ Lösungsmittel (8)

Sauersalz (8)

Schwefel (4)

Spießglas (4)

Coagulieren (4, 21)

Drachme (4)

Blech (4)

Honig (4)

Tag und Nacht (4, 21)

Auripigment/ Goldfarbe (5, 6, 8, 21)

Bolus, bunte Erde (8)

Vitriolöl (4)

Vitriolöl (4)

Meersalz (4)

Saft (4)

lineae III

Eisenrost (8)

Eisen (1, 4, 6, 7, 8), (21)

Tag (1)

Quecksilber (1, 4, 7, 8, 21)

Salmiak (1)

Spiritus Salis (Salzsäure) (1)

Spiritus tartari (1)

Vitriolum Hungaricum (1)

Zwei Monate (1)

Ungelöschter Kalk (5)

Eisenfeilstaub (4)

Spießglasblüte (4)

Spießglasblüte (4)

Vitriol (3)

Eisenfeilstaub (4)

Schwefel (4), Rot-gebrannter Vitriol (8)

Pulver (3, 5, 21), Kupferasche (5), Aes ustum (Kupferoxid) (21)

Pulver (3)

Salz (NaCl) (4)

Maurensalpeter (4)

Talk (4)

Salmiak (5, 8)

Zinnober (5, 21)

Gebranntes Kupfer (8)

Bleiweiß (8)

Spießglas (8)

Spießglasblume (8)

Salpetrige Erde (8)

Weinsteinsalz (1)

lineae IV

Antimonglas (1)

Wachs (1)

Salpetrige Erde (8)

Pulver (1, 8)

Spiritus virioli (1)

Digerierofen (1)

Quecksilber (4)

Baumöl (Olivenöl) (4)

Gebranntes Kupfer (8)

Weinsteinsalzpulver (1)

lineae IV+

- Wachs (3, 5)
- Schwefelöl (4)
- Weinsteinsalz (4)
- Brechpulver / Mercurius vitae (8)
- Nitrose Gase (1)
- Goldextrakt (1)
- Quecksilbererz (1)
- Antimonerz (1)
- Goldfarbe (1)
- Geist (1)

Triangulum

nulla linea

- Feuer (1, 4, 6, 7, 8, 21)
- Baumöl (Olivenöl) (4)
- Wasser (1, 2, 4, 6, 7, 8, 21)
- Elementum/Urwesen (8)
- Stunde (4, 5, 7, 8)

linea I

- Luft (1, 6, 7, 8, 21)
- Crocus Martis (3)
- Verkleben (4)
- Erde (1, 4, 6, 7, 8, 21)

- Aqua regis/Königswasser (4)
- Öl oder Sulphur aus der materia philosophoram (1)

lineae II

- Schwefel (1, 5, 6, 7, 8, 21)
- Gebrannter Alaun (4)
- Aqua regis/ Königswasser (4 ,5, 8, 21)
- Verkleben (8)
- Aqua pluvialis (Regenwasser) (4)
- Aqua pluvialis (Regenwasser) (4, 8)
- Aqua pluvialis (Regenwasser) (5)
- Aqua pluvialis (Regenwasser) (8)
- Aqua fontane (Brunnenwasser) (4, 5)/ Aqua fortis (Salpetersäure) (8, 21)
- Philosophischer Schwefel (4)
- Schwefel des Antimons (1)

lineae III

- Gelindes Feuer (1)
- Grauer Hüttenrauch (4)
- Aqua fortis (Salpetersäure) (21)

lineae IV

Spiritus sulphuris (1)

Sulphur vivorum (4)

Schwefelblume (4)

Quadrum

nulla linea

Antimon (2, 8, 21), Spießglas (4), Seife (4)

Salz (21)

Borax (4)

Bleiweiß (4)

Urin (3, 4, 5, 7, 8, 21), Ammoniumchlorid (21)

Erde (4)

Eisen (4)

Goldblättchen (4)

Weinstein (21)

Steinsalz (4, 8)

linea I

Kupfer-/Eisenkessel (4)

Schwefel (21)

Filtrieren (8)

Schmelzofen (1)

Blech (4), Quecksilber (21), Sublimiertes Quecksilber (21)

Figierter Mercurius (feuerbeständiges Quecksilber) (1)

Fließendes Wasser (1), Schmelzen (1), fließendes Feuer (1)

Alaun (8)

lineae II

Aschesalz (4, 5, 6, 7, 8)

Monat (4, 5, 7, 8, 21)

Seife (4)

Silberblättchen (4)

Vitriolsalz (4)

Ofen (8)

Rauch (4)

Weinsteinsalz (4, 8)

Figiertes Quecksilber (1)

Weinstein (1, 21)

lineae III

Steine (4, 8)

Eisen (4)

Feuchtigkeit (8)

lineae IV

Weinsteintinktur (4)

lineae IV+

Brechweinstein (4)

Littera

ꞰꞰ	Luft (4)
ꞰꞰ	Sandbad (4)
Ꞁ	Vermehren (1)
a.a.	Gleich an Gewicht (5)
A̅	Abziehen (4, 8)/ Abstrahieren (8)
B⧾	Bernstein (8)
B̂	Digerieren (8)
B	Balneum (Bad) (8, 21)
B∴	Balneum arena (Sandbad) (8)
ꞵ	Sandbad (4)
BV	Balneum vaporis (Dampfbad) (8)
C	Kalk (3)
Ĉ	Calcinieren (21)
CE	Asche (21)
CC	Hirschhorn (4, 8)
C̄	Calcinieren (8)
D̂	Destillieren (23)
Ꝺꞡ	Digerieren (4)
Ê	Auflösen (8)
E	Auflösen (8), Quinta essentia (3)
ꝰE	Brechweinstein (4)
Ē	Coagulieren/Zusammen -setzen (2), Kristallisiert (21)
F	Fixus (Feuerbeständig) (8)
Fl	Flores (Blumen, z.B. Schwefelblumen) (4)
H̄	Coagulieren/ Zusammen- setzen (2, 21), Kristallisiert (21)
M	Mel (Honig) (4)
M̈	Essig (4)
MB	Balneum Mariae/ Wasserbad (2, 4, 5, 8, 21)
M	Miscere / Mischen (8)
M	Salpetrische Erde (8)
NM	Muskatnuss (8)
N	Verkleben (8, 21)
P̄	Präzipitieren (21)
P	Pulver (3, 4)
P	Pulver (8)
Q	Quinta essentia (3)
Q.E.	Quinta essentia (5, 7, 21)
ꝘE	Quinta essentia (8)
℞	Recipe (Nimm) (4)
℞	Aqua regis (Königswasser) (4, 5, 7)
℞	Recipe (Nimm) (4, 5, 8, 21)
℞	Weinsteintinktur (4)
Sp.	Spiritus (Geist) (3, 4), Quecksilbergeist (21)
Tʃ	Tinktur (21)

Spiritus vini Rectificatus (Alkohol) (4, 5, 8)

Spiritus vini/Weinbrand (1, 4, 5, 7, 8, 21)

Sacchrum (Zucker) (8)

Spiritus vini Rectificatus (Alkohol) (4)

Tinktur (4, 5, 8)

Steine (4)

Reductio (Reduktion) (4, 21)
Silber (21)

Vinum album (Weißwein) (4)

Quinta essentia (8, 21)
Brechwein (8)

Vinum (Wein) (4, 7, 21)

Balneum vaporis (Dampfbad) (5, 8, 21)

Vinum rubrum (Rotwein) (4)

Borax (2)

Essig (3), Schmelztiegel (4)
Glas (7), Talk (4), Feuer 1. Grad (1)

Destillierter Essig (3, 4, 8)

Meersalz (4)

Alembik (4, 8), Glas (5),
Feuer 2. Grad (1)

Feuer 3. Grad (1)

Feuer 4. Grad (1)

Sommer (4)

Silberextrakt (1)

Zinnober (4)

Zinnober (8, 21)

Zinnober (21)

Drachme (4, 7)

Filtrieren (3)

Steinsalz (4), Aschesalz (4),
Arsen (21)

A

Abziehen		(4, 8)
Asche		(21), (5, 7, 8)
		(4), (4)
Aschesalz		(4), (4, 5, 6, 7, 8)
Alaun		(4), (8)
		(1, 2, 5, 6, 7, 8)
		Gebrannter Alaun (4)
Alembik		(21), (4, 8)
		(2)
Alkali		(4), Alkal. Salz (21)
		(5), (8)
Alkohol (Spiritus vini rectificatus)		(4, 5, 8)
Amalgam		(1, 21), (1, 21)
Ammoniumchlorid		(21), (21)
Antimon		(2, 8, 21), (1, 2, 5, 21)
		Schwefel des A. (1)
Antimonerz		(1)
Antimonglas		(1)
Aqua fontane (Brunnenwasser)		(4, 5)
Aqua fortis (Salpetersäure)		(21), (8)
		(21)
Aqua regis (Königswasser)		(4 ,5, 8)
		(4)

Aqua pluvialis (Regenwasser)		(4, 8), (4)
		(8), (5)
Aqua vitae (Alkohol)		(4, 21)
Arabischer Gummi		(4)
Arsen		(2, 7, 8)
		(21), (21), (21)
Arsenik (weiß)		(4)
		(4)
Arsenicum citrum		(4)
Aufkochen		(8)
Auflösen		(8), (8)
		(4), (4)
Auripigment (Goldfarbe)		(5, 6, 8)
		(8)
		(1), (1)
Ausglühen		(4), (4)

B

Balneum (Bad)		(8, 21)
Balneum arena (Sandbad)		(8)
Balneum mariae (Wasserbad)		(2, 4, 5, 8, 21)
Balneum vaporis (Dampfbad)		(8)
		(5, 8, 21)

Baumöl (Olivenöl)		(4), (4)
Bernstein		(8)
Blech		(4)
Blei		(6, 7, 8)
Bleiweiß		(21), (4)
		(4)
		(8), (4, 5)
		(8)
Blumen (Flores; z.B. Schwefelbl.)		(4)
Bolus		(8)
Borax		(2)
		(4)
		(4)
		(4)
Brechpulver		(8)
Brechwein		(8)
Brechweinstein		(4)
Bunte Erde		(8)

C

Caput mortuum (Totenkopf)		(4, 5, 6, 7, 8, 21)
		(1)
		(21)

Calcinieren		(21), (2)
		(21), (8)
		(8), (8)
Coagulieren		(2, 21)
		(4)
		(4, 21)
		(2)
Crocus Martis		(3)

D

Dampfbad (Balneum vaporis)		(8)
		(5, 8)
Destillieren		(21), (3)
		(1)
		(21), (5)
Digerieren		(4)
		(8, 21)
		(4)
		(3)
Digerierofen		(1)
Drachme		(4, 7)
		(4)

E

Eisen	♂, ⊡	(1, 4, 6, 7, 8), (4)
		(4)
		(4), (4)
Eisenfeilstaub		(4)
		(4)
Eisenrost		(4), (8)
		(4)
Eisenschwefel		(1)
Eiweiß		(4)
		(4)
Elementum		(8)
Erde		(1, 4, 6, 7, 8, 21)
		(4)
Erz (rotglühend)		(1)
Essenz		(4)
Essig		(destilliert) (3, 4, 8)
		(destilliert) (3, 4, 8)
		(destilliert) (5, 7, 8, 21)
		(3, 4, 8)
		(7, 8, 21)
		(1)
		(3)
		(4)
		(4)

Essig-/Weinhefe		(4), Lösung Weingeist und Essig (1)
Extractum corallum		(1)
Extrahieren		(8)

F

Fäulung		(4), (4)
Fermentieren		(1)
Feuer	△	(1, 4, 6, 7, 8, 21)
		Gelindes Feuer (1)
	X	1. Grad (1)
Feuchtigkeit		(8)
Figieren (Feuerbeständig machen)		(8, 21), (4, 8)
		(4, 8, 21)
Figierter Mercurius (feuerbeständiges Quecksilber)		(1)
Filtrieren		(3), (8)
Filtrierglas		(4)
Fixus (Feuerbeständig)	F	(8)
	V	(4, 5)
Fließen		(8)
Flores (Blumen, z.B. Schwefelbl.)		(4)
Flüchtig		(4, 5, 8)
		(4, 5, 8)

G

Gebranntes Kupfer (8)

Geist (Spiritus) (1), (3, 4)

Glas (4), (5)
(8), (7)
(21), (7)
aus Glas (21), (21)

Gewichtsgleich a.a. (5)

Gold (21), (21), (1, 4, 6, 7, 8, 21)
(21), Goldblättchen (4)
Goldextrakt (1)

Goldfarbe (Auripigment) (5, 6, 8, 21)
(1), (8)
(1)

Grünspan (4)
(4)
(4)
(3, 4, 5, 6, 7, 8)

Grünspanblume (4)
(4)

Gummi (21), (4)

H

Hirschhorn (4, 8)
Holz (8)

Honig (Mel) (4)
(4)

Hüttenrauch (grau) (4)
(4)

I

Ingwer (8)

K

Kalk (3)
(8)
ungelöscht (5)
Kalk von Metallen (4)
Kalk von Metallen (4)

Kessel (4)

Kieselstein (4)

Kobalt (8, 21)

Kolben (8)

Königswasser (Aqua regis) (4 ,5, 8, 21)
(4, 5, 7)
(4)

Korallen (rot) (1)

Kreide (4)

Kristall (4)
(4)
(2)

Kristallisiert (21), (21)

Begriff	Quelle
Kupfer	(1, 7, 8, 21), (21)
Kupfer (gebrannt)	(8), (8), (4)
Kupferasche	(5)
Kupferoxid	(21)

L

Begriff	Quelle
Laugensalz	(8), (4)
	(4, 8)
	(4)
	(4)
Leim	(4)
Lösungsmittel (Menstruum)	(8)
Lösen	(21), (4), (1)
	(21)
Luft	(1, 6, 7, 8, 21)
	(4)

M

Begriff	Quelle
Magnet	(3, 4, 21)
Maurensalpeter	(4)
	(4)
Meersalz	(4), (4)
Mel (Honig)	(4)

Begriff	Quelle
Menstruum (Lösungsmittel)	(8)
Mercurius (figiert, feuerbeständiges Quecksilber)	(1)
Mercurius vitae	(8)
Messing	(8), (8)
Miscere (Mischen)	(8)
Monat	(4, 5, 7, 8, 21)
	Ein Monat (1)
	Zwei Monate (1)
Muskatnuss	(8)

N

Begriff	Quelle
Nacht	(1, 4, 7, 8, 21)
Nimm (recipe)	(4)
Nitrose Gase	(1)

O

Begriff	Quelle
Ofen	(8)
	Reverbierofen (4)
	Reverbierofen (4)
	Digerierofen (1)
Öl	Öl (21), (3, 4, 5, 6, 7, 8, 21)
	Baumöl (Olivenöl) (4), (4)
	Öl oder Sulphur aus der materia philosophoram (1)

P

Pferdemist (4), (4)

Philosophischer Schwefel (4)

Phlegma (21), (5) (8)

Pottasche (4), (4) (4, 8), (4, 8) (4)

Präzipitat (21), (4, 6, 7, 21) (3, 8)

Pulver (21), (7) (fein) (4, 8) (21), (3, 5) (3, 4) (1, 8) (8)

Putrefaction (Fäulung) (4), (4, 21) (21), (1)

Q

Quecksilber (1, 4, 7, 8, 21), (4) Als Geist (21) (21), (21), (21) Figiert (1)

Quecksilbererz (1)

Quinta essentia (Quintessenz) (4) (8, 21), (3) (4), (3) (8), (5, 7, 21)

R

Rauch (4)

Rauschgelb (4)

Recipe (Nimm) (4) (4, 5, 8, 21)

Reductio (Reduktion) (4, 21)

Regenwasser (Aqua pluvialis) (4) (4, 8) (8), (5)

Reinigung (4) (4, 21)

Retorte (1, 4, 21) (4)

Reverbieren (4)

Reverbierofen (4) (4)

Rost (8) Eisenrost (4) Eisenrost (4)

Rösten (4), (4)

Rotwein (4)

Rotweinessig (4)

S

Sacchrum (Zucker) (8)

Saft (4)

Salz (21), (4)
(21), (4)
(1, 4, 5, 7, 8, 21)
Meersalz (4)
Meersalz (4)
Steinsalz (4)
Steinsalz (4, 8)
Steinsalz (7)

Salpeter (21), (4)
(1, 5, 6, 7, 8, 21)
Maurensalpeter (4)
Maurensalpeter (4)

Salpetrige Erde (8)
(8)

Salpetersäure (1), (1)
(Spiritus nitri)

Salmiak (1), (4)
(5, 8), (6)
(4)

Sand (7, 8, 21)

Sandbad (4)
(Balneum arena) (8)
(4)

Säure (4)

Sauersalz (8)

Schmelzen (1)

Schmelzofen (1)

Schmelztiegel (4)

Schwefel (1, 5, 6, 7, 8, 21), (21)
(4), (21)
Tropfschwefel (4)

Schwefelblume (4)

Schwefelöl (4)

Seife (4), (4)

Silber (21), (1, 2, 4, 6, 7, 8, 21)
Silberextrakt (1)

Silberblättchen (4)

Sommer (4), (4)

Spießglas (6), (8)
(4), (4)

Spießglasblüte (4)
(4)
(8)

Symbole S...V

Spiritus (Geist)		(3, 4)
		(3, 8)
Spiritus Salis (Salzsäure)		(1)
Spiritus sulphuris		(1)
Spiritus tartari		(1)
Spiritus vini (Weinbrand)		(1), (4, 5, 8)
Spiritus vini rectificatus (Alkohol)		(4), (1, 4, 5, 7, 8)
Spiritus vitrioli		(1)
Stahl		(4)
Steine		(4, 8), (4)
Stunde		(3, 21)
		(4, 5, 7, 8)
Sublimiert/ Sublimieren		(3, 6, 21)
		(5, 6, 7, 21)
Sulphur vivorum		(4)

T

Tag		(1), (4, 5, 7, 8, 21)
Talk		(4), (4)
Talköl		(4), (4)
Tiegel		(4), (4, 7)

Tierisches Reich		(4)
Tinktur		(21), (4, 5, 8)
Tropfschwefel		(4)

U

Ungelöschter Kalk		(4)
		(4)
Unze		(7)
Urin		(4)
		(4)
		(4)
		(8)
		(3, 4, 5, 7, 8, 21)

V

Verkleben		(4)
		(8)
		(8, 21)
Vermehren		(1)
Vermischen		(1)
Vitriol		(4), (3)
		(4, 5, 7), weiß (21)
		Rotgebrannt (8)
		Ungarisch (1)
		römisch (4)
		römisch (4)
Vitriolöl		(4), (4)

Vitriolsalz (4)

W

Waage (4, 7)

Wachs (1)

Wasser (1, 2, 4, 6, 7, 8, 21)
Fließend (1)

Wasserbad (2, 4, 5, 8)
(Balneum mariae)

Wein (21), (4, 7, 21)
(4)

Wein-/Essighefe (4)

Weingeist (1, 4, 5, 7, 8, 21)
(Spiritus vini) (1)
Rektifiziert (4)

Weinstein (21), (1, 21)

Weinsteinsalz (4)
(4, 8)
(1)
Als Pulver (1)

Weinsteintinktur (4)

Weißwein (4)
(Vinum album)

Z

Zink (4)

Zinn (4)
(1, 4, 7, 8)

Zinnober (4)
(4)
(8)
(1)
(4)
(8, 21)
(21)
(5, 21)

Zucker (4)
(8)

[1]   Fr.   BASILII   VALENTINI   Ordin.   Benedict. Chymische Schriften, aus einigen Alten MSten aufs fleißigste verbessert, mit vielen Tractaten, auch etlichen Figuren vermehret, und nebst Einem vollständigen Register in Drey Theile verfasset: Samt einer neuen Vorrede, von Beurtheilung der Alchemistischen Schriften und dem Leben des BASILII, begleitet von BENED. NIC. PETRAEO, Med. D., Fünfte Edition. Hamburg, bey Gottfried Richter, MDCCXL. (1740)

[2]   COURS DE CHYMIE, CONTENANT LA MANIERE DE FAIRE les Opérations qui sont en usage dans le Medecine, par une Méthode facile, AVEC DES RAISEONNEMENS sur chaque Opération, pour l'instruction de ceux quó veulent s'appliquer à cette Science. Par M. NICOLAS LEMERY, de l'Academie Royale des Sciences Docteur en Medecine. DERNIERE EDITION, Revue, corrigée et augmentée par l'Auteur. A BRUXELLES, Chex JEAN LEONARD, Libraire rue de la Cour, M. D. CC. XLIV. AVEC PRIVILEGE DE SA MAJESTE. (1744)

[3]   COURS de CHYMIE, Oder: Der vollkommene CHYMIST, Welcher Die in der Medicin gebräuchlichen Chymischen Processe auff die leichteste und heilsamste Art machen lernt/ Und mit den scharffsinnigsten Anmerckungen und Urtheilen über jeden Proceß die Liebhaber dieser Wissenschafft weiter anführet: Wie er von Herrn Niclas Cemery/ Der Medicin hochberühmten Doctoren/ und Königlichen Französischen Hoff=Apotheckern zu Pariß/ herausgegeben/ und Aus der neusten Franz. Edition ins Teutsche übersetzet/ Und bey ietziger andern Aufflage auffs neue und correcteste revidieret. DRSEDEN, bey Johann Jacob Wincklern, 1705.

[4]   Medicinisch=Chymisch und Alchemistisches Oraculum darinnen man nicht nur alle Zeichen und Abkürzungen welche so wohl in den Recepten und Büchern der Aerzte und Apothecker als auch in den Schriften der Chemisten und Alchemisten vorkommen findet sondern deme auch ein sehr rares Chymisches Manuscript eines gewissen Reichs *** beygefüget. Ulm, 1772. bey August Lebrecht Stettin.

[5]   Conspectus CHEMIAE THEORETICO-PRACTICAE. Vollständige Abhandlung der CHEMIE Nach ihrem Lehr=Begrif und der Ausübung, darin Die Naturlehre, besonders von den Mineralien, der natürlichen Körper ersten Bestandtheile, Verhalten gegen einander, Eigenschaften, Kräfte und Gebrauch, zur wohlgegründeten und nützlichen Anwendung in der Apotheckerkunst, andern Künsten und Handwercken, der Hauswirtschaft und gemeinem Leben, Vornehmlich nach Bechers und Stahls Grundlehren ausgeführt, und mit eben dieser, wie auch anderer brühmten Chemicorum Erfahrungen bestätigt werden. von D. Johann Juncker, der Medicin öffentlichen Lehrer auf der Friedrichs=Universität. Aus dem Lateinischen ins Teutsche übersetzt. Teil 1 und 2. Halle, in Verlegung des Waysenhauses 1749/1750.

[6]   Redivivus Fr. Basilius Valentinus, Benedictiner Ordens. Das ist: Eine gründliche/ wahrhaffte und außführliche Erklärung Des Von Basilio Valentino in seinem Buch Uber den Grossen Stein der uralten Weisen Reimen=weis gesetzten Proceß, Bestehend In einer nicht sophistischen/ sondern gründlich und wahrhafften Beschreibung/ Wie der gebenedeyte Stein der Weisen/ Auf den heutigen Tag noch so wohl könne gemacht werden/ als selbiger schon vor etlich tausend Jahren

gemacht worden ist/ Womit Die alte und neue PHILOSOPHI, Alle ihre und sonst unheylbare Kranckheiten an Menschen und Metallen fundamentaliter curirt und gehyelt haben. Allen armen Krancken/ auch verlassenen Wittwen und Waysen treuhertzig herauß gegeben Von Johann Joachim Weitbrett/ Chirurgo zu Deckenpfronde/ Calwer Amts. Anno 1723.

[7] Neu eingerichtetes Lexikon pharmaceuticum, Apotheker=Lexicon, teutsch=lateinisch/ und lateinisch=teutsch/ beide nach dem Alphabet, Die Stücke/ welche es triplici Regno, oder dreifachem Natur=Reiche/ als regno Minerali, Vegetabili, Animali, in der Medicin, Apotheke und Chirurgie gebräuchlich, zu finden: Darbey auch die Praeparata was von jedem Stück zu haben/ nicht weniger als die Vires und Doses gesetzt worden, um sich desto besser und leichter darein zu richten; Vor diejenigen/ welche der edlen Medicin, Apothecker=Kunst und Chirurgie zugethan/ nötig; vor andere aber/ welche nicht der gleichen Profession, nützlich und annehmlich zu lesen, und zu gebrauchen Mit sonderm Fleiß und Mühe also eingerichtet und zum anitzo zum Drittenmahle in Druck gegeben Von L. Christoph Hellwign/ P.L.C. & Pract. Erffurt. Franckfurt und Leipzig, in Verlegung Johann Christoph Stöffels Seel. Erben in Erffurt. 1714.

[8] Zum allgemeinen Gebrauch Wohlgerichtete Destillier-Kunst, welche in dem ersten Theil von Ab- und Eintheilung, Werkzeugen, allgemeinen Arbeiten, und allem dem was diese Kunst überhaupt angehet, gnugsame Nachricht giebet; In dem andern Theil aber In bey nahe zweyhundert Processen, die Bereitung verschiedener destillierter Wässer, Branndtweine, Aqua vitae, Rossolis, flüchtiger= saurer= mineralischer Geister, Oele, Essenzen, Extrakte und andrer truckner

Chemischen Artzneyen deutlich vorträget; und Endlich in dem dritten Theile in viertzig Prozessen vom Einmachen mit Zucker und andern dahin gehörigen Confitur-Künsten, einigen Unterricht mittheilet: Nicht nur den Aertzten, Wund=Aertzten und Apothekern, sondern auch Weinbrennern und Destillatoribus, ingleichen Hauß=Vätern und andern Liebhabern dieser Wissenschaft, zu besondern Nutzen und Gebrauch aufgesetzet Von D. Gottfried Heinrich Burghart, Med. Prat. Zu Breßlau. Mit Kupffern und einem hinlänglichen Register. Breßlau bei Johann Jacob Korn. 1736.

[9]   Chymisches ETWAS in Nichts / Das ist: Wie der hochberühmte Stein der Weisen Als Eine edle Gabe GOttes/ entfernet, Und in hohen Dingen vergeblich gesuchet, Aber Nahe, und in geringen, glücklich wird gefunden, In Etwas, Doch gründlich entworffen, Und Mit einem vollständigem Register versehen/ Von einem/ der sich Mit In GOtt BeLustiget. Dresden und Leipzig. Zu finden bey Gottfried Leschen. 1722.

[10] Der grosse Brockhaus, Band 1, 16. Auflage, 1953, F.A. Brockhaus Wiesbaden.

[11]   Das   Deutsche   Apotheken-Museum.   Elisabeth Huwer, herausgegeben von der Deutschen Apotheken Museum-Stiftung. 3. Auflage, 2015. Verlag Schnell & Steiner GmbH, Regensburg.

[12] COLLECTANEA CHYMICA LEIDENSIA, oder auserlesene mehr als 700. Chymische Prozesse Welche von Herrn Maethio, Margravio und le Mortio, ehedessen dreyen berühmten Prefessoribus der Chymie zu Leyden / denen damahls aus allen Theilen Europae gegenwärtigen Auditoribus so wohl publice, als privatim nicht nur

Literatur

gewiesen / sondern auch mündlich dictirt worden / vor diesem von Herrn Christoph Ludwig Morley / Med. Doct. aus Engeland / in Ordnung zusammen getragen / und ans Licht gebracht nochmahls durch Herrn Theodorum Muykens, Med. Doct. zu Amsterdam/ Mit vielen neuen/ schönen/ und accuraten Experimenten vermehrt/in richtigere Ordnung gestellet/ allenthalben verbessert/und von überflüßigen Prozessen gesaubert/ Nun aber auf Ersuchen guter Freunde ins Teutsche übersetzt/ und mit doppelten Registern versehen. Ein Werck/ so allen Medicis, Chymicis, Physicis, Apothekern, und ieden seine Gesundheit/liebenden höchst nötig und nützlich. JENA, Verleges Christoph Henrich Cröker/ Buchhänder/ Anno 1696.

[13]   Gottfried Rothens, Weyland Med. D. und Practici in Leipzig, Gründliche Anleitung zur Chymie, Darinnen nicht nur Die in derselben vorkommende Operationes, und die aus denen Operationibus entstehende Producta, Sondern auch die Praeperationes derer besten Chymischen Medicamenten Aus der berühmtesten Medicorum, sonderlich Ludovici, Wedelii, Stahlii &c. Schrifften, nebst andern, die man sonst rar und geheim gehalten, aufrichtig gewiesen wird. Dritte Auflage. Mit Königl. Pohln. und Churfürstl. Sächs. allergnädigstem PRIVILEGIO. LEIPZIG, bey Caspar Jacob Eysseln, 1727.

[14] Zur Verwendung astrologischer und alchemistischer Symbole in frühneuhochdeutschen Fachtexten, J. Gaede in WespA (Würzburger elektronische sprach-wissenschaftliche Arbeiten) Nr. 19, 2017. Herausgeber: W. P. Klein, M. Schulz, S. Staffeldt, P. Stahl.

[15]   D.O.M.A Alchymistische Practic: Das ist/ Von künstlicher Zubereytung der vornebsten Chymischen Medicinen: In zweyen Tractätlein klärlich entdecket:

Deren das Erste/ Von destillierten Wassern/ Öhlen/ /Saltzen/ Extracten/ quintis essentiis, aquis vitae, floribus, balsamis, etc. Auß den vegetrabilibus animalibus und mineralibus: zu allerley Innerlichen und Eusserlichen Artzneyen recht und gründtlich zubereyten: von einem unbekandten Arcisten/ auß eigner Erfahrung/ bester form/ auffs fleissigst und erewlichst beschrieben. Das Ander/ Vom Lapide Philosophorum: Wie derselbe künstlich soll gemacht werden: ohn figurliche und Parabolische reden/ eigentlich und deutlich also gelehret/ daß der gleichen zuvor wissentlich niemals im Truck gesehen worden. Alle beyde/ nach vermögen/ und verleihung Göttlicher Gnadt/ corrigiert/ und erkläret/ Durch ANDREAM LIBAVIUM von Hall in Sachsen/ Medicum und Statt Physicum zu Rotenburg auff der Tauber. Wie Römischer und Kayserlicher Mayest. Privilegien auff sechs Jahr nicht nachzutrucken begnadet.Gedruckt zu Frackfort am Mayn/ bey Johann Saurn. In Verlegung Petri Kopffen. 1603.

[16]   Ein kurtz Summarischer Tractat, FRATRIS BASIly Valentini Benedicter Ordens / Von dem grossen Stein der Uralten/ daran so viel tausent Meister anfangs der Welt hero gemacht haben/ darinnen das gantze werck nach Philosophischer art für Augen gestalt/ mit seiner eigenen Vorrede/ für etlich viel Jahren hinterlassen/ Und numehr allen Filijs doctrinae in gutem Publiciret und durch den Druck ans Liecht bracht. Durch Iohannem Tholden Hessum. Gedruckt zu Eißleben/ druch Bartholomaeum Hornigk. Anno 1599.

[17]   Deutsches THEATRUM CHEMICUM. Auf welchem der berühmtesten Philisophen und Alchymisten Schrifften, Die von dem Stein der Weisen, von Verwandlungen der schlechten Metalle in bessere, von Kräutern, von Thieren,

von Gesund= und Sauer=Brunnen, von warmen Bädern, von herrlichen Artzneyen und von andern grossen Geheimnüssen der Natur handeln, welche bißhero entweder niemahls gedruckt, oder doch sonsten sehr rar worden sind. Vorgestellt werden durch Friedrich Roth-Scholtzen. Herrenstadio-Silesium. Erster Theil, Nürnberg bey Adam Jonathan Felßeckern, 1728.

a) Seite 313: Gründlicher Bericht von der Generation und Geburt der Metallen, Wie solche durch des Himmels Einfluß in dem Erdreich gewürcket wird; samt der Verwandlung der schlechten metallen in bessere, wie sie von Gott dem Menschen auf Erden zugelassen, und durch was für Natur und Mittel solche geschehe, beschrieben zu zu Erfurth, A. 1577. D. 28. Aug. durch Leonhard Müllnern von Nürnberg, Nun aber ans Licht gestellet durch Friedrich Roth-Scholtzen Herrenstadio-Silesium. Nürnberg bey Adam Jonathan Feßeckern, 1733.

[18]   PANDORA Das ist/ Die edlest Gab Gottes/ oder der werde und heilsame Stein der Weysen/ mit welchem die alten Philosophi/ auch THEOPHRASTVS PARACELSVS. Die unvollkommene Metallen durch gewalt des Fewrs verbesert: samt allerley schedliche und unheilsame kranckheiten/ jinnerlich unnd eusserlich haben vertrieben. Ein Guldener Schatz/ welcher durch einen Liebhaber dieser Kunst/ von seinem Undergang errettet ist worden/ und zu Nutz allen Menschen/ fürnemlich den Liebhabern der Paracelsichen Arrtney/ jetzt widerumb in Truck verfertigt.Getruckt zu Basel/ Durch Sebastianum Henricpetri. [Kommentar des Autors: Handschriftlich vermerkt: 1638, Basel].

---

[19] Curieuse Untersuchung Etlicher Mineralien, Thiere und Kräuter, insonderheit Derer sich die Sophisten in praeparirung des Lapidis bedienen. Nebst Entdeckung der meisten hierbey vorfallenden Sophistereyen und falschen Processen/ Wie auch völliger Anweisung zu der wahren Materie, und rechten Bereitung Des Philosophischen Steins/ Mit allen darzu nöthigen Handgriffen und Observationibus Treuhertzig mitgetheilet/ Von Einem Liebhaber der curieusen Wissenschaften und Membro des Collegii Curiosorum in Teutschland [...]. (1700).

[20] DE OCCULTA PHILOSOPHIA. Oder Von der heimlichen Wundergeburts der sieben Planeten und Metallen / Fratris Basilii Valentini, Bededicter Orderns/ neben einer Taffel der gantzen Philosophischen Weißheit. Jtzo gantz newe außgangen/ und in Druck verfertigt durch Johan Thölden Hessum. In vorlegung Jacob Apets Buch: Im Jahr 1603.

[21] Neu eingerichtete Material-Kammer: Das ist gründliche Beschreibung aller fürnehmsten Materialien und Specereyen/ so wohl auch andrer guter und gemeiner Waaren/ woher solche den Ursprung nehmen/ wie sie zu erkennen/ gut zu behalten/ und endlich die Prob derselben darauf zu machen/ umb zu sehen ob solche verfälscht und wie die Verfälschung darinnen zu mercken sey. [...] Von Georg Niclaus Schurtz, Buchhaltern. Nürnberg. Gedruckt bey Christoff Gerhard/ und zu finden bey Christoph Endtern/ Buchhändlern. 1672.

Literatur

Abbildungsverzeichnis

Seite 2: Nach einer originalen Vorlage des 18. Jahrhunderts illustriert durch den Autor. Zeichen illustriert von dem Autor.